AF330016

RÉPUBLIQUE FRANÇAISE

MARINE NATIONALE

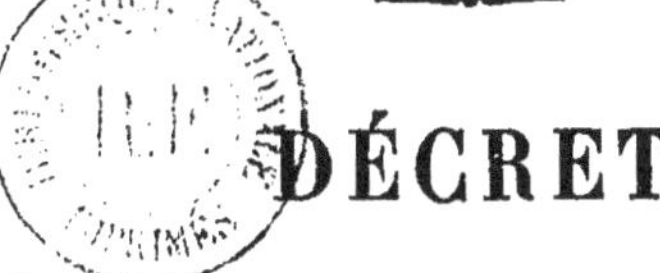

DÉCRET

RÉGLANT LE FONCTIONNEMENT

DU CORPS DU CONTRÔLE

DE

L'ADMINISTRATION DE LA MARINE

(DU 15 JANVIER 1910)

ÉDITION ANNOTÉE
ET MISE À JOUR AU 15 JUIN 1920

PARIS

IMPRIMERIE NATIONALE

1920

Organisation et réglementation du corps du Contrôle de l'Administration de la Marine.

N° 31.

Décret réglant le fonctionnement du corps du contrôle de l'administration de la marine.

(Du 15 janvier 1910.)

(*A jour au 15 juin 1920.*)

TABLE DES ACTES
MODIFIANT LE DÉCRET DU 15 JANVIER 1910.

DATE DES DÉCRETS MODIFICATIFS.	ARTICLES MODIFIÉS.
23 décembre 1910 (*B. O.*, p. 4169)...............	4, 14.
9 novembre 1911 (*B. O.*, p. 1028)...............	4, 14.
19 novembre 1912 (*B. O.*, p. 1163)...............	10, 19, 21, 24, 32, 36, 37, 39, 42, 46, 47, 49.
12 septembre 1913 (*B. O.*, p. 1076)...............	4, 15, 32.
12 septembre 1913 (*B. O.*, p. 1080)...............	20, 43, 44.
10 juin 1920 (*B. O.*, p. 873)...............	4, 6, 13, 15, 20, 21, 22, 32, 33 à 52 inclus.

Direction du Contrôle.

LE SOUS-SECRÉTAIRE D'ÉTAT À LA MARINE *à Messieurs les fonctionnaires de tous grades du corps du contrôle de l'administration de la Marine.*

Paris, le 22 janvier 1910.

Notification d'un décret en date du 15 janvier 1910, réglant le fonctionnement du contrôlé de l'administration de la Marine.

Le décret du 15 janvier 1910 vient d'édicter de nouvelles règles au sujet du fonctionnement du contrôle de l'administration de la Marine ; vous trouverez dans le rapport du Ministre dé la Marine au Président de la République les motifs qui l'ont conduit à proposer au Chef de l'État de refondre les décrets des 17 mars, 1er et 18 avril 1902 qui avaient déterminé ce fonctionnement en exécution de l'article 3 de la loi du 2 mars précédent. J'appelle particulièrement votre attention sur les points suivants.

La réglementation instituée par les actes précités avaient accordé une importation prédominante au contrôle préventif ; il en était résulté que certains contrôleurs, soucieux d'examiner le plus grand nombre possible des pièces présentées à leur visa, n'avaient pas toujours le loisir de procéder à des investigations sur place, dans les bureaux, magasins, chantiers et ateliers. Le nouveau décret aura pour conséquence, grâce à la réduction du nombre des affaires obligatoirement soumises au visa préalable, de réduire notablement le travail de bureau des fonctionnaires du contrôle. Je recommande, par suite, instamment aux contrôleurs, à quelque degré de la hiérarchie qu'ils appartiennent, de ne pas se confiner dans l'étude des dossiers qui leur sont présentés ; plus que jamais, il importe qu'ils se mêlent à la vie de l'organisme naval afin de pouvoir me renseigner à tout instant sur l'état des magasins, la situation des approvisionnements, la marche des travaux, les moyens d'exécution dont dispose chaque service, et, d'une manière générale, sur toutes les questions d'ordre administratif, financier, comptable et économique relevant de leur compétence.

Il demeure d'ailleurs entendu que la suppression du visa préalable de certains documents, tels que le livre bleu, les comptes de travaux et de magasins, les revues de liquidation, etc., ne doit pas conduire le contrôle résident à renoncer à l'examen de ces pièces : la réglementation nouvelle a voulu seulement laisser aux contrôleurs le choix du moment auquel ils croiront devoir procéder à cet examen.

En vue de faciliter encore davantage au contrôle résident l'accomplissement de la mission que lui a confiée le législateur, j'ai supprimé le plan de campagne qu'avaient institué les décrets des 1ᵉʳ et 18 avril 1902. L'exécution de ce programme de travail, jointe à la nécessité d'établir chaque année, en exécution de l'article 65 de la loi de finances du 26 janvier 1892, un rapport sur la situation des approvisionnements de chaque service, absorbait une grande partie de l'activité des contrôleurs des ports militaires et ne leur laissait pas une initiative suffisante pour diriger leurs investigations sur les points qui leur paraissaient, au cours de l'année, mériter de retenir plus particulièrement leur attention. A cet égard, une entière liberté est désormais laissée aux contrôleurs généraux.

Je rappelle seulement, d'une part, que les écritures et caisses de tous les comptables en deniers doivent être vérifiées par le contrôle une fois au moins tous les deux ans, et, d'autre part, que la vérification des autres services doit être conduite de telle manière qu'aucun d'eux ne reste plus de cinq ans sans être examiné à fond.

Les chefs du contrôle résident devront continuer à tenir l'extrait du répertoire des vérifications actuellement en usage. Toutefois, à l'avenir, les avis d'inspection me seront adressés non plus au moment où les contrôleurs commenceront leurs opérations, mais dix jours au moins avant de les entreprendre ; quand l'inspection sera imprévue, l'avis devra m'en être envoyé dans le plus bref délai possible. De son côté, le service des missions adressera aux mêmes époques, par l'intermédiaire de la direction du contrôle pour les inspections ordinaires, et directement pour les inspections inopinées, des avis de vérification au contrôle résident. Le département pourra ainsi s'assurer, au moyen du répertoire central, de l'époque à laquelle remonte la dernière inspection et régler en conséquence, tout en évitant les doubles emplois, le travail du Service des missions.

Le groupement par sections qu'avait fixé *ne varietur* la circulaire du 19 avril 1902 est supprimé : les contrôleurs généraux, chefs du Contrôle résident, auront dorénavant toute autorité pour répartir les services du port entre leurs collaborateurs selon les aptitudes de chacun d'eux, l'importance respective des services, la situation qu'ils occupent dans l'arsenal, etc.

Il m'a paru également nécessaire de modifier profondément la forme du document par lequel le contrôle résident rend compte, à la fin de chaque année, de son fonctionnement et des résultats obtenus. L'évaluation des économies réalisées grâce aux observations du contrôle, ainsi que des ajournements de dépenses et des redressements de chiffres opérés à la suite de son intervention, ne suffit pas, en effet, à donner une idée exacte de la marche de ce service et de l'efficacité de son action. Désormais chaque contrôleur établira, au commencement de chaque année, un compte rendu sommaire dans lequel seront indiquées, non point sous la forme d'un tableau présenté dans un ordre chronologique, mais sous celle d'un exposé méthodique et d'ailleurs aussi bref que possible, les principales observations qu'il aura formulées au cours de l'année précédente, ainsi que la suite qui leur aura été donnée. Le chef du contrôle résident fournira, de son côté, dans un rapport succinct, les renseignements sur le fonctionnement général de son service qu'il croira utile de porter à ma connaissance [1].

Je ne saurais trop insister à ce sujet sur l'intérêt qui s'attache à ce que ces divers comptes rendus, de même que tous les cahiers, notes d'observations et rapports du contrôle, ne contiennent que des énonciations précises, exprimées en des termes clairs et concis. Il importe à tout prix d'éviter d'envoyer au Département des rapports trop volumineux : la concision de la forme ne nuit jamais à la clarté de la pensée; elle facilite toujours l'étude des questions traitées; les fonctionnaires du contrôle ne doivent pas oublier que le retard apporté à la solution des affaires qui me sont soumises provient en partie du développement excessif donné parfois aux rapports et cahiers envoyés au département.

Le Sous-Secrétaire d'État à la Marine,

HENRY CHÉRON.

———

Cabinet du Sous-Secrétaire d'État. == Direction du Contrôle.

RAPPORT AU PRÉSIDENT DE LA RÉPUBLIQUE FRANÇAISE, *suivi d'un décret réglant le fonctionnement du contrôle de l'administration de la Marine.*

Paris, le 15 janvier 1910.

MONSIEUR LE PRÉSIDENT,

La loi du 2 mars 1902, relative au contrôle de l'administration de la Marine, confie à des décrets spéciaux le soin de déterminer le fonctionnement du service central de la direction du contrôle, du service des missions et du contrôle permanent des ports et établissements. Trois décrets répondant à cet objet ont été rendus aux dates des 17 mars, 1er et 18 avril 1902.

L'étude de ces actes m'a convaincu que leurs dispositions n'étaient pas toutes imposées par l'esprit de la loi organique et que dans leur ensemble elles pouvaient être simplifiées avec avantage.

---

[1] Forme des comptes rendus; recommandations au sujet de leur établissement (Circulaire 12 novembre 1912 [*B. O.* 814] modifiée par Circulaire 29 novembre 1913 [*B. O.* 1830]; Circulaire 25 février 1916 [Contrôle]).

La réglementation actuelle attribue une importance prépondérante au contrôle préventif qui, consistant surtout en des vérifications de dossiers, immobilise forcément les contrôleurs dans leurs bureaux. Elle donne une importance beaucoup moindre au contrôle de redressement qui, nécessitant la vue des faits et des choses, mêle obligatoirement les contrôleurs à la vie de l'organisme naval, les instruit davantage et rend leur action plus fructueuse. La fonction essentielle se trouve ainsi sacrifiée.

Au centre, cette réglementation faisant du contrôle la chose du directeur seul, supprime en quelque sorte la personnalité de ses collaborateurs, et ne leur laisse pas même la signature de leurs travaux.

Dans les ports et établissements, elle limite, par l'imposition d'un programme de vérifications transmis annuellement de Paris et par une répartition du service en sections déterminées à l'avance, l'initiative des contrôleurs généraux et autres chefs du contrôle résident. Elle exagère, par contre, le droit de direction qui appartient à ces fonctionnaires au regard des contrôleurs en sous-ordre. Le principe de l'investiture ministérielle, qui est de l'essence même du contrôle, est ainsi mis en échec.

Partout enfin cette réglementation alourdit de formalités inutiles la marche d'un service qui, pour remplir complètement son but, doit être dégagé des entraves d'une vaine procédure.

Afin de remédier à ces inconvénients et de mieux proportionner la tâche du contrôle de l'administration de la Marine, aux effectifs du corps et à ses moyens d'action, j'ai préparé, avec la collaboration du Sous-Secrétariat d'État, le projet de décret ci-annexé. Ce projet substitue un seul acte aux trois actes des 17 mars, 1er et 18 avril 1902. Il rend au contrôle de redressement l'importance qu'il doit avoir; il définit d'une façon précise l'action directrice des contrôleurs généraux; il donne du caractère ministériel attaché à la fonction des contrôleurs, quel que soit leur grade, une interprétation plus conforme aux termes de la loi; il confère aux chefs du contrôle résident la liberté d'action qui leur est nécessaire; il débarrasse tous les contrôleurs des sujétions de formes et de procédure qui ne peuvent qu'entraver leurs opérations. Enfin il établit un lien étroit, une collaboration directe et continue entre l'autorité centrale et les chefs du contrôle résident, par la réunion trimestrielle à Paris d'un conseil supérieur du contrôle présidé par le Sous-Secrétaire d'État.

Si le projet que j'ai l'honneur de soumettre à votre haute approbation reçoit votre assentiment, je suis convaincu que le contrôle de notre établissement naval en sera beaucoup amélioré.

Je vous prie d'agréer, Monsieur le Président, l'hommage de mon profond respect.

Le Ministre de la Marine,

DE LAPEYRÈRE.

Direction du Contrôle.

RAPPORT AU PRÉSIDENT DE LA RÉPUBLIQUE FRANÇAISE, *suivi d'un décret portant modification du décret du 15 janvier 1910 réglant le fonctionnement du contrôle de l'administration de la Marine.*

Paris, le 23 décembre 1910.

MONSIEUR LE PRÉSIDENT,

Le décret du 15 janvier 1910 réglant le fonctionnement du contrôle de l'administration de la Marine a confié au Sous-Secrétariat d'État le soin de noter les contrôleurs généraux, de présider les réunions du conseil supérieur du contrôle, etc. Ces attributions étaient la conséquence logique du décret du 25 juillet 1909, qui avait placé le corps du contrôle directement sous les ordres du Sous-Secrétaire d'État. Ce décret ayant été remplacé par celui du 8 novembre 1910, qui a mis de nouveau les fonctionnaires du contrôle sous l'autorité immédiate du Ministre, il y a lieu de modifier certaines dispositions du décret du 15 janvier 1910 pour établir leur concordance avec la nouvelle réglementation.

D'autre part, la composition et le fonctionnement du conseil supérieur du contrôle m'ont paru devoir être utilement modifiés. Quelle que soit la valeur des contrôleurs de 1re et de 2e classes qui remplissent les fonctions de chefs du contrôle résident dans les établissements hors des ports, j'estime qu'il est préférable de n'admettre que les seuls contrôleurs généraux dans une assemblée appelée à délibérer sur les questions les plus hautes de l'administration de la Marine. Il ne paraît pas indispensable, en outre, de fixer d'une façon ferme à trois mois l'intervalle des réunions du conseil supérieur. Ces réunions doivent avoir lieu toutes les fois que les circonstances l'exigent, et il convient que le chef du Département ait toute latitude pour apprécier l'opportunité des convocations. C'est, du reste, la règle qui est suivie pour les réunions du conseil supérieur de la Marine.

Dans cet ordre d'idées, j'ai élaboré le projet de décret ci-joint, que j'ai l'honneur de soumettre à votre haute approbation.

Je vous prie d'agréer, Monsieur le Président, l'hommage de mon profond respect.

Le Ministre de la Marine,

DE LAPEYRÈRE.

RRPPORT AU PRÉSIDENT DE LA RÉPUBLIQUE FRANÇAISE, *suivi d'un décret portant modification du décret du 15 janvier 1910 réglant le fonctionnement du contrôle de l'administration de la Marine.*

Paris, le 9 novembre 1911.

MONSIEUR LE PRÉSIDENT,

La suppression du Sous-Secrétariat d'État a créé au Département de la Marine une situation nouvelle avec laquelle plusieurs dispositions du décret du 15 janvier 1910, réglant le fonctionnement du contrôle ne sont plus en harmonie. Il en est notamment ainsi des articles relatifs aux notes individuelles des contrôleurs généraux et à la vice-présidence du conseil supérieur; le Sous-Secrétaire d'État avait reçu du Ministre, sur ces deux points, une délégation de pouvoirs qui n'est plus possible aujourd'hui.

Au Département de la Guerre, les contrôleurs généraux ne sont pas notés; j'estime que, réserve faite des droits du Ministre pour les cas exceptionnels, les mêmes errements peuvent être adoptés au Département de la Marine. Quant à la vice-présidence du conseil supérieur, si elle n'était pas assurée, le Ministre serait obligé de présider personnellement toutes les séances, même lorsque les questions à débattre ne présenteraient pas une importance justifiant son intervention; il paraît naturel qu'il soit, dans ces circonstances, suppléé par le directeur du contrôle, à qui la loi du 2 mars 1902 confie l'administration générale du corps.

D'autre part, il semble qu'il y ait lieu de modifier l'appellation de «chefs du contrôle résident» maintenue par le décret du 15 janvier 1910 aux fonctionnaires chefs du service du contrôle dans les ports militaires et dans les établissements. Le titre de chef de service ayant été attribué par le décret du 18 décembre 1909 aux officiers placés, sous les ordres du directeur de l'intendance, à la tête des anciens détails du commissariat, l'appellation de «chef du contrôle résident» ne me paraît plus convenir à de hauts fonctionnaires jouissant de l'autorité et de l'indépendance que leur confère leur qualité de délégués directs du Ministre. J'estime, dans ces conditions, qu'il serait plus rationnel de leur donner le titre de «contrôleur général du . . . . . arrondissement»; de même les contrôleurs en service dans les établissements hors des ports, en Tunisie et en Cochinchine, recevraient le titre de «contrôleur de l'établissement de . . . . . .» ou «contrôleur des services de la Marine en Tunisie ou en Cochinchine.

J'ai fait préparer en conséquence le projet de décret ci-joint, que j'ai l'honneur de vous prier de vouloir bien revêtir de votre haute sanction.

Je vous prie d'agréer, Monsieur le Président, l'hommage de mon profond respect.

Le Ministre de la Marine,

DELCASSÉ.

Direction du Contrôle.

Rapport au Président de la République française, *suivi d'un décret portant modification du décret du 15 janvier 1910 réglant le fonctionnement du contrôle de l'administration de la Marine.*

Paris, le 19 novembre 1912.

Monsieur le Président,

Depuis la promulgation du décret réglant le fonctionnement du contrôle de l'administration de la Marine, des modifications ont été apportées à la procédure des vérifications, ainsi qu'au mode d'établissement et d'utilisation des rapports; cette réglementation nouvelle appelle diverses précisions au décret du 15 janvier 1910.

D'autre part, les articles 32 et 47 du même décret prévoient la communication obligatoire des rapports du contrôle à l'autorité supérieure locale, avant envoi au Ministre, laissant toutefois au chef du service des missions ou au contrôleur général de l'arrondissement le soin d'apprécier les cas où il y a lieu de déroger à cette règle. L'application étroite de cette disposition a pour résultat de soumettre aux préfets maritimes un nombre excessif d'observations à l'examen desquelles ces officiers généraux sont obligés de consacrer un temps que réclament leurs attributions d'ordre militaire. Il me paraît donc plus logique de décider que ces hautes autorités ne recevront, au contraire, communication que des seules questions offrant un intérêt véritable et pour lesquelles il sera jugé nécessaire d'avoir leur appréciation. Leur tâche sera ainsi allégée sans qu'il en résulte d'inconvénients. Une modification dans ce sens a été introduite dans la rédaction des deux articles 32 et 47 précités.

Telles sont les diverses mesures qui font l'objet du projet de décret ci-joint, que je soumets à votre haute sanction.

Je vous prie d'agréer, Monsieur le Président, l'hommage de mon profond respect.

Le Ministre de la Marine,

DELCASSÉ.

Rapport au Président de la République française,
suivi d'un décret instituant le contrôle de l'exécution du budget.

Paris, le 12 septembre 1913.

Monsieur le Président,

L'article 150 de la loi de finances du 13 juillet 1911 dispose que, «dans chaque Département ministériel où il existe un corps de contrôle financier, ce corps est chargé de suivre l'exécution du budget».

L'effectif du corps du contrôle de l'administration de la marine, créé par la loi du 2 mars 1902, et les méthodes de travail rendues réglementaires par les décrets consécutifs à cette loi, m'ont paru, dès mon arrivée au Ministère, ne pas permettre une application satisfaisante de l'article que je viens de rappeler. Le Parlement a bien voulu, sur mes instances, insérer dans la loi de finances du 30 juillet dernier une disposition fusionnant à la direction du contrôle le service central avec le service des missions et augmentant de trois unités le nombre des contrôleurs mobiles. Cette nouvelle organisation fait disparaître le principal obstacle qui s'opposait à l'institution d'un contrôle méthodique de l'exécution du budget. Il ne reste plus qu'à modifier la réglementation existante en ce qui concerne les méthodes de travail du contrôle et à mettre ces méthodes en harmonie avec le but voulu par le législateur.

C'est l'objet du décret que j'ai l'honneur de soumettre ci-joint à votre haute sanction.

Veuillez agréer, Monsieur le Président, l'hommage de mon respectueux dévouement.

Le Ministre de la Marine,

Pierre BAUDIN.

Rapport au Président de la République française, *suivi d'un décret relatif au fonctionnement du contrôle préventif dans l'administration de la Marine.*

Paris, le 12 septembre 1913.

Monsieur le Président,

L'organisation du contrôle de l'exécution du budget, telle que vous avez bien voulu la sanctionner par un décret en date de ce jour, permet de réduire le nombre des documents que les règlements en vigueur prescrivent de soumettre au visa de la direction du contrôle à Paris et des contrôles résidents dans les services extérieurs.

Il m'a paru, du reste, que si, à raison de la complexité des opérations qui y sont soumises, les vérifications du contrôle devaient, en ce qui concerne l'opportunité de ces opérations, continuer à n'être faites que par épreuves, elles devaient, au contraire, devenir intégrales en ce qui concerne la régularité et donner à l'autorité qui décide, la garantie que les documents présentés à sa signature ne soulèvent aucune objection au point de vue de leur conformité aux lois, décrets et règlements en vigueur.

Tel est l'objet du décret ci-annexé, que j'ai l'honneur de soumettre à votre haute sanction.

Je vous prie, Monsieur le Président, d'agréer l'hommage de mon profond respect.

Le Ministre de la Marine,

Pierre BAUDIN.

Rapport au Président de la République française, *suivi d'un décret portant modification à divers décrets relatifs au service du contrôle de l'administration de la Marine.*

Paris, le 10 juin 1920.

Monsieur le Président,

Au cours de ces dernières années, les services de la marine militaire en Algérie et en Tunisie ont pris un développement qui a nécessité la création d'un arrondissement maritime algéro-tunisien, à la tête duquel est placé un vice-amiral, préfet maritime.

Bizerte est aujourd'hui plus important que certains ports de la Métropole, et la plupart des emplois de chefs de service y sont déjà occupés par des officiers généraux.

Jusqu'à présent, en raison de l'insuffisance numérique du cadre des contrôleurs généraux, le chef du contrôle résident — malgré l'importance de sa fonction et en dépit de la circonstance qu'il est, comme le préfet maritime, mon délégué direct — n'a été, à Bizerte, qu'un simple contrôleur. J'estime que cette situation anormale ne saurait se prolonger plus longtemps sans inconvénients.

Le projet de décret ci-joint apporte à divers actes antérieurs les modifications nécessitées par la substitution d'un contrôleur général à un contrôleur qui a occupé jusqu'ici les fonctions de chef du service du contrôle résident en Tunisie.

Le décret du 15 janvier 1910, qui règle le fonctionnement général du contrôle, devant subir, de ce fait, d'assez nombreuses modifications, l'occasion me paraît opportune d'y incorporer, dans un but de coordination, le décret du 12 septembre 1913 sur le fonctionnement du contrôle préventif, les articles d'un autre décret de même date, instituant le contrôle de l'exécution du budget, qui sont relatifs à la division en groupes du service des missions, enfin, diverses précisions qui n'avaient été jusqu'ici données que par des instructions ministérielles.

La liste des documents obligatoirement soumis au visa du contrôle comprendra désormais les commandes sur marché dont l'importance dépasse 5,000 francs et les propositions de créations d'emplois nouveaux. Il y a là, en effet, des sources de dépenses sur lesquelles doit particulièrement s'exercer la vigilance du contrôle pour répondre aux volontés du Parlement.

D'autre part, beaucoup d'articles du titre III du décret précité du 15 janvier 1910 ayant été modifiés par les décrets des 19 novembre 1912 et 12 septembre 1913, il m'a paru utile de refondre ce titre, spécialement consacré au contrôle résident. La nouvelle rédaction que je vous soumets n'apporte au texte actuel que de légères retouches de détail, mais elle adopte un ordre plus rationnel dans le classement et le numérotage des articles.

Enfin, j'estime qu'il conviendrait — pour diminuer la fréquence des mutations, tout en donnant satisfaction à un vœu souvent formulé — de porter de six à neuf ans le maximum du séjour que les fonctionnaires du contrôle des ports et établissements peuvent être autorisés à faire dans la même résidence. Afin d'éviter les inconvénients que peuvent entraîner des relations trop prolongées entre les mêmes personnes, il est prévu qu'aucun contrôleur ne doit être affecté plus de trois années consécutives au contrôle du même service dans le même port.

Tels sont, Monsieur le Président, les divers objectifs dont s'inspire le projet de décret que j'ai l'honneur de soumettre à votre haute sanction, en vous priant d'agréer l'hommage de mon profond respect.

Le Ministre de la Marine,

LANDRY.

Décret *réglant le fonctionnement du Contrôle de l'Administration de la Marine.*

(Du 15 janvier 1910.)

Le Président de la République française,

Vu les articles 1, 2 et 3 et, spécialement, l'article 4 de la loi du 2 mars 1902 portant organisation du Corps du Contrôle de l'Administration de la Marine;

Sur le rapport du Ministre de la Marine,

Décrète :

TITRE PREMIER.

Dispositions générales.

ARTICLE PREMIER.

1. La compétence du corps du contrôle de l'administration de la **Marine** est définie par l'article 1er de la loi du 2 mars 1902.

2. La justice maritime, la police de sûreté tant à terre qu'à bord des navires de la flotte, la discipline des différents personnels et enfin le fonctionnement militaire ou technique de l'organisme naval ne ressortissent à cette compétence que dans la limite où les intérêts du Trésor et les droits des personnes sont engagés par leurs opérations.

ART. 2.

Les contrôleurs de l'administration de la Marine sont les représentants immédiats du Ministre. Chacun d'eux personnifie au même degré, quel que soit son grade, la délégation ministérielle.

Les formules d'appellation à employer par eux ou à leur égard consistent dans l'énonciation du grade précédé des mots : « Monsieur le. . . . . . »

ART. 3.

1. L'action directrice des contrôleurs généraux à l'égard des contrôleurs placés sous leurs ordres s'exerce conformément aux prescriptions des articles 4 et 7 de la loi du 2 mars 1902.

2. Elle consiste à assigner d'une façon précise à chaque contrôleur les parties du service ou les opérations dont la vérification lui est confiée.

3. Cette distribution une fois faite, l'action directrice se manifeste par voie d'instructions générales et de conseils oraux plutôt que par des prescriptions détaillées et circonstancielles, le contrôleur en sous-ordre devant toujours rester le maître de ses procédés de vérification et ayant toujours le droit de faire porter ses notes [1] ou rapports, par la voie hiérarchique, à la connaissance du Département.

---

[1] Voir à ce sujet une dépêche à Cherbourg du 18 octobre 1907. (Contrôle.)

ART. 4.

(Modifié les 23 décembre 1910, 9 novembre 1911, 12 septembre 1913,
10 juin 1920.)

Les fonctionnaires du contrôle reçoivent des notes individuelles [1] dans les conditions indiquées ci-après :

a. Les contrôleurs généraux ne sont notés que par mesure exceptionnelle ; ils le sont, en ce cas, par le Ministre, à l'exclusion de toute autorité agissant par délégation ;

b. Les contrôleurs en service hors des ports chefs-lieux d'arrondissement maritimes sont notés par le directeur du contrôle agissant pour le compte du Ministre ;

c. Les contrôleurs en sous-ordre à la direction centrale du contrôle sont notés par le directeur ;

d. Les contrôleurs en sous-ordre au service des missions sont notés au premier degré par les contrôleurs généraux, chefs des groupes du contrôle mobile, et au second degré par le directeur du contrôle ;

e. Les contrôleurs en sous-ordre dans les arrondissements maritimes sont notés au premier degré par les contrôleurs généraux de ces arrondissements et au second degré par le directeur du contrôle.

ART. 5.

1. Les attributions du Contrôle comprennent une fonction de redressement et une fonction préventive [2].

2. Le Contrôle de redressement et le Contrôle préventif sont, au regard des services contrôlés, de nature également discrétionnaire et ne comportent normalement que des vérifications par épreuves.

---

[1] Établissement des bulletins de notes des fonctionnaires du Contrôle. (Arrêté du 1er mai 1902, *B. O.* 888), modifié les 10 mars 1906, *B. O.* 259, et 31 mars 1908, *B. O.* 402.

[2] Diverses instructions ministérielles ont commenté et développé les directives générales de la loi du 2 mars 1902 et des décrets successivement pris pour son application en ce qui concerne le fonctionnement du Contrôle. Il convient notamment de consulter à ce point de vue l'instruction du 30 mai 1902 (*B. O.* 1062) qui intéresse particulièrement le Contrôle résident, la circulaire du 29 novembre 1909 (*B. O.* 1326); la circulaire du 22 janvier 1910 (Contrôle); la circulaire du 15 septembre 1913 (*B. O.* 1074); la circulaire du 27 février 1912 (*B. O.* 364). Certaines parties de ces textes sont devenues caduques du fait des changements apportés ultérieurement à la réglementation, mais ils demeurent applicables dans leur ensemble et doivent toujours servir de guides aux fonctionnaires du Contrôle.

3. Cette disposition ne préjudicie point aux instructions spéciales qu'en vue des études ou missions prévues au dernier paragraphe de l'article 4 de la loi du 2 mars 1902, le Ministre peut donner aux contrôleurs suivant les circonstances.

ART. 6.

(Modifié le 10 juin 1920.)

1. Les contrôleurs exercent leur fonction de redressement par des inspections inopinées, des investigations sur place et des vérifications rétrospectives sur pièces.

2. Ils exercent leur fonction préventive par l'examen des pièces soumises à leur visa, ainsi que par l'assistance aux opérations administratives et aux commissions.

3. La vérification des documents présentés au visa doit être intégrale en ce qui concerne leur régularité, c'est-à-dire leur conformité aux lois, décrets et règlements. Elle peut n'être faite que par épreuves en ce qui concerne l'opportunité des opérations auxquelles ils se rapportent.

ART. 7.

1. Les investigations des contrôleurs ne doivent rencontrer dans aucun cas et sous aucun prétexte aucune entrave [1]. L'autorité maritime [2] du lieu ou de la force navale où ils ont à accomplir leur mandat doit leur fournir, à

---

[1] Voir à ce sujet les recommandations des circulaires des 25 novembre 1902 (*B. O.*, 471), 16 janvier 1905 (*B. O.*, 143), 10 décembre 1909 (*B. O.*, 1387), 15 octobre 1910 (E.-M. Contrôle), 4 août 1911 (*B. O.*, 424).

[2] Les préfets maritimes n'ont pas qualité pour interpréter les règlements qui régissent le fonctionnement du contrôle (circ. 8 avril 1913, Cabinet). Les services contrôlés, dans leurs réponses aux observations du contrôle, doivent s'abstenir rigoureusement de tout commentaire comportant une critique directe ou indirecte à l'égard de celui-ci. On ne saurait admettre qu'en incriminant le contrôle à raison même des observations qu'il leur adresse ils puissent chercher à opérer une diversion à l'aide de laquelle l'attention se trouverait détournée du sujet essentiel de ces observations.

Il n'appartient qu'au Ministre et à leurs supérieurs dans leur hiérarchie propre d'apprécier la façon dont les contrôleurs comprennent et exercent leur mandat. [Instruction 28 mai 1902, *B. O.*, 1013, titre III; circulaire 10 décembre 1909, *B. O.*, 1387; circulaire 4 août 1911, *B. O.*, 424, et nombreuses dépêches manuscrites, parmi lesquelles on peut citer notamment : dépêche à Toulon, du 8 août 1902 (Éq.-Solde-Contrôle), dépêche à Brest, du 28 janvier 1903 (Approvisionnements-Contrôle), dépêche à Lorient, du 17 août 1908 (C.-N. Contrôle), dépêche à Toulon du 20 mars 1912 (Contrôle), dépêche à Brest, du 2 juillet 1915 (C.-N. Contrôle), dépêche à Brest, du 27 novembre 1918 (E.-M. Contrôle).]

première réquisition, tous les moyens matériels nécessaires à leurs inspections ou vérifications.

2. Les actes de la direction, comme les faits de la gestion ou de l'exécution des services, sont soumis à leur contrôle. Ils examinent la comptabilité des ordonnateurs et des liquidateurs aussi bien que celle des comptables.

3. Ils peuvent se faire représenter, pour les examiner, soit sur place, soit dans leurs bureaux, à condition d'en donner reçu et de les réintégrer au plus tôt, tous états, rapports avec leurs annexes, registres et pièces de comptabilité ou de correspondance, lettres, ordres ministériels ou du commandement, marchés et généralement tous les documents divers de la direction ou de la gestion.

ART. 8.

1. Les contrôleurs passent toute revue d'effectif, vérifient inopinément toutes les caisses, font ou requièrent tout contre-appel d'ouvriers, toute constatation de quantités et tout recensement qu'ils jugent utiles [1].

2. Le Contrôle peut requérir la réunion des conseils d'administration pour assister à la vérification de leurs écritures et de leurs caisses, et pour leur donner connaissance du résultat des investigations effectuées par ses soins.

ART. 9.

1. Le fonctionnaire du contrôle assistant aux délibérations de tout conseil ou commission y a voix représentative.

2. Il siège en face du président.

3. Il a le droit de faire soit annexer, soit insérer ses représentations au procès-verbal, suivant que ledit procès-verbal est ou non destiné à être produit hors du Département de la Marine, comme pièce justificative de dépense ou comme document de comptabilité.

ART. 10.

(Modifié le 19 novembre 1912.)

1. Les contrôleurs n'exercent aucune action immédiate sur la direction ou sur l'exécution du service.

---

[1] Procédure à observer dans les recensements effectués par le contrôle (circ. 20 novembre 1911, *B. O.*, 1155; article 404 de l'instruction générale du 9 juillet 1912).

, **2.** Ils se bornent à rappeler les lois, ordonnances, décrets, règlements et décisions ministérielles dont ils ont à surveiller l'observation et à provoquer sur les faits et les actes qu'ils contrôlent des explications qui doivent leur être fournies soit de vive voix[1], soit par écrit[2], s'ils en font la demande, tant par les chefs des différents services que par les fonctionnaires, officiers, employés ou agents en sous-ordre de tout grade et de tout rang.

3. Toutefois, quand la situation d'un comptable leur paraît irrégulière, ils peuvent demander son remplacement provisoire à son chef immédiat, sauf à en donner aussitôt avis à l'autorité supérieure du lieu et à rendre compte d'urgence au Département par un rapport spécial.

4. Ils peuvent aussi, en cas de nécessité pressante, faire apposer les scellés sur tous registres et dossiers, sur toutes caisses, ainsi que sur des clôtures. L'autorité supérieure du lieu, immédiatement informée par eux, statue, par décision écrite, sur les mesures à prendre. Il est donné communication de sa décision au chef de mission et, en cas de départ de ce dernier, comme lorsque l'opération a été effectuée par le contrôle résident au chef de ce contrôle qui procède à la levée des scellés au moment fixé par la décision et dresse procès-verbal[3].

5. Toute observation du contrôle qui est de nature à mettre en cause une responsabilité est portée tout d'abord à la connaissance du fonctionnaire, officier ou agent qu'elle concerne[4].

ART. 11.

1. Les ordres de déplacement des fonctionnaires du contrôle leur sont donnés : à Paris, par le directeur du Contrôle; dans les ports et établissements, par le chef du Contrôle résident auquel ils sont attachés.

---

[1] Au sujet de l'exercice du droit d'interrogation directe dévolu aux fonctionnaires du contrôle, voir dépêche à Lorient du 3 novembre 1910 (Contrôle).

[2] Il convient de n'user qu'avec modération de la faculté d'exiger des services contrôlés des travaux de copie (dépêche du 5 juin 1913, Contrôle).

Il faut veiller à ne demander des avis ou des renseignements qu'aux autorités qualifiées pour les fournir (Dép. à Lorient, du 8 avril 1913, Cabinet).

Formes à observer dans les correspondances avec les préfets maritimes (Dép. à Lorient, du 8 avril 1913, Cabinet).

[3] Les fonctionnaires du contrôle ont qualité pour constater les infractions à la loi du 1er août 1905 sur la répression des fraudes dans la vente des marchandises et des falsifications de denrées alimentaires. Ils peuvent effectuer des prélèvements ou prises d'essais aux fins d'analyse (Instruction, 16 juillet 1908, B. O., 737).

[4] Voir circulaire du 3 février 1912 (contrôle).

2. Les feuilles de route leur sont délivrées, dans les formes réglementaires, par ces mêmes autorités[1].

ART. 12.

1. Les contrôleurs reçoivent une commission (modèle ci-joint) signée du Ministre et conçue dans des termes de nature à prévenir toutes difficultés dans l'accomplissement de leur mandat.

2. Ils sont astreints au port de la tenue militaire pour les visites à faire aux autorités maritimes et chaque fois que l'exercice de leurs fonctions les conduit à bord des bâtiments de la flotte, dans les casernes et dépôts, dans les réunions ou commissions d'officiers, ou les met en contact avec les équipages et les autres corps organisés de la Marine.

3. Dans toute autre circonstance de service, ils ont la faculté de revêtir la tenue civile et peuvent pénétrer dans les arsenaux et établissements de la Marine, sur la simple présentation de leur commission.

ART. 13.

(Modifié les 12 septembre 1913 et 10 juin 1920.)

1. En principe, le contrôle doit être effectif.

Les pièces qui, d'après les règlements, doivent être soumises au visa préventif des fonctionnaires du contrôle sont revêtues d'un timbre à date apposé aussi près que possible de la place réservée à la signature de l'autorité administrative qui doit se prononcer en dernier lieu.

Ce modèle de timbre à date est constitué comme suit :

a. S'il s'agit d'affaires effectivement contrôlées et ne donnant lieu à aucune observation, le timbre à date à encre bleue porte la mention « vérifié par le Contrôle sans observations » avec la signature du contrôleur[2] ;

b. S'il s'agit d'affaires effectivement contrôlées et donnant lieu à observations, le timbre à date est à l'encre rouge[3]. Les observations du contrôleur sont consignées sur une feuille, de couleur bleue, du modèle déterminé par les instructions ; elles sont datées et signées par le contrôleur.

---

[1] Pour la liquidation des frais de déplacement des fonctionnaires du contrôle, voir l'article 66 (dernier alinéa) du décret du 13 septembre 1910.

[2] Au sujet de l'emploi du timbre « Vérifié », voir la circulaire du 8 avril 1911 (contrôle).

[3] Au sujet du sens de l'application du timbre rouge, voir la circulaire du 19 mars 1902 (*B. O.*, 426) et la dépêche du 13 juin 1905 (contrôle).

Lorsqu'un document, présenté au visa du contrôle, n'a pu être effectivement vérifié, le contrôleur intéressé n'y appose pas de timbre. Il y porte seulement la mention «Vu le...», suivie de sa signature [1].

2. Lorsque les contrôleurs auront condamné une solution proposée, ils indiqueront, autant que possible, la solution meilleure à leur avis, afin que l'autorité appelée à prendre la décision puisse adopter cette dernière solution, si elle la juge convenable.

3. L'autorité compétente pour prendre la décision est toujours libre de passer outre aux observations du contrôle. Par contre, le visa du contrôleur sur les pièces qui lui sont soumises ne peut, en aucun cas, être invoqué à la décharge des officiers, fonctionnaires et agents responsables.

4. Le visa du contrôle n'est apposé sur les pièces qu'après qu'elles ont été revêtues de toutes les signatures qui doivent les rendre régulières.

5. Aucune pièce déjà visée par le contrôle ne peut être modifiée sans lui être présentée à nouveau avec une fiche indiquant le motif du changement apporté, à moins que la modification n'ait été faite par le Ministre [2].

6. Les actes et pièces soumis à l'examen et au visa du Contrôle doivent toujours être appuyés de dossiers au complet.

ART. 14.

(Modifié les 23 décembre 1910 et 9 novembre 1911.)

Il est institué un conseil supérieur du contrôle de l'administration de la Marine.

---

[1] La circulaire du 29 novembre 1909 (*B. O.*, 1326) avait institué un timbre spécial portant l'indication «Communiqué au contrôle», pour les cas prévus dans le présent alinéa. Ce timbre mentionné dans le texte primitif de l'article 13, a été supprimé par le décret du 12 septembre 1913. Il n'y a pas lieu d'en envisager le rétablissement (circulaire du 7 novembre 1913, contrôle; circulaire du 30 avril 1914, contrôle).

Procédure à suivre dans le cas où l'urgence ne permet pas d'effectuer une vérification sérieuse (circulaire dn 18 janvier 1915, contrôle).

Signatures à donner par les contrôleurs sur les procès-verbaux et autres documents constatant la réunion de commissions (circulaire du 8 décembre 1913, *B. O.*, 1844).

Visa du contrôle sur les situations des dépenses engagées (décret du 18 mars 1910, *B. O.*, 565 ; circulaire du 3 novembre 1913, contrôle; dépêche à Lorient, 19 décembre 1913, contrôle).

[2] Rappel de l'article 13, paragraphe 5 (circulaire du 27 juillet 1914, contrôle). Toute annotation portée par les autorités locales à la suite d'une observation du contrôle doit, en principe, être communiquée au contrôle avant transmission des dossiers au Ministre (circulaire du 12 septembre 1917, *B. O.*, 269, modifiée par la circulaire du 24 novembre 1919, *B. O.*, 890).

Ce conseil comprend tous les contrôleurs généraux présents en France. Il est présidé par le Ministre ou, à son défaut par le directeur du contrôle ; le contrôleur adjoint au directeur remplit les fonctions de secrétaire.

« Le conseil supérieur est réuni aussi fréquemment que l'exigent les circonstances du service. Il renseigne le Ministre sur la marche des services de l'administration de la Marine dans les ports militaires et appelle son attention sur les réformes et améliorations qu'ils lui paraissent comporter.

« Il délibère, en outre, sur toutes les questions que le Ministre juge utile de lui soumettre. Lorsque l'étude de ces questions doit être d'une certaine durée, elle peut être renvoyée à une sous-commission prise dans le sein du conseil, laquelle, une fois son travail terminé, le remet au directeur du contrôle chargé de le placer sous les yeux du Ministre, avec ses observations, s'il y a lieu. »

TITRE II.

De la direction du contrôle.

SECTION PRÉLIMINAIRE.

ATTRIBUTIONS ET SERVICES DE LA DIRECTION.

ART. 15.

(Abrogé par décret du 13 septembre 1913, rétabli et modifié
par décret du 10 juin 1920.)

1. Les attributions de la direction du contrôle sont définies par les articles 3 et 7 de la loi du 2 mars 1902.

2. Elle comprend un service central, assurant le contrôle permanent de l'administration centrale, et un service des missions, confié à des contrôleurs mobiles à la disposition du Ministre, et divisé en trois groupes placés chacun sous la direction particulière d'un contrôleur général.

La composition et les attributions de ces groupes sont fixées par le Ministre.

3. Le contrôleur général, directeur du contrôle, est nommé à cette fonction par décret rendu sur la proposition du Ministre.

4. Le contrôleur général le plus élevé en grade ou, à grade égal, le plus ancien du service des missions, a le titre de chef du service des missions.

SECTION PREMIÈRE.

DU SERVICE CENTRAL.

§ 1ᵉʳ. Administration générale du corps du contrôle.

ART. 16.

Le directeur du contrôle prépare et soumet au Ministre toutes les mesures relatives :

Au recrutement du corps du contrôle ;

A l'avancement de ce corps ;

Aux récompenses honorifiques et à l'administration du personnel qui le compose :

A sa répartition entre les trois rouages du service et, pour le contrôle résident, entre les divers ports et établissements.
Il assiste au conseil des directeurs.

ART. 17.

1. Le directeur prépare et soumet au Ministre les instructions générales et particulières concernant le fonctionnement et l'exercice du contrôle.

2. A cet effet, il demande aux directions compétentes du Ministère les communications qu'il juge utiles et reçoit de ces directions les renseignements et les propositions qu'elles lui adressent pour appeler l'attention du service des missions et du contrôle résident sur les opérations à surveiller plus spécialement ou sur les services susceptibles d'être améliorés.

3. La composition et la mise en mouvement des missions sont réglées sur la proposition du directeur du contrôle.

§ 2. Centralisation des travaux du contrôle.

ART. 18.

La correspondance du contrôle résident des ports et établissements ainsi que du service des missions avec le Département est remise au directeur du contrôle qui prépare les réponses à y faire.

ART. 19.

(Modifié le 19 novembre 1912.)

1. Sur le renvoi qui lui en est fait conformément aux prescriptions de l'article précédent, le directeur du contrôle centralise les rapports périodiques ou éventuels, les notes d'observations n'ayant pas abouti sur place [1], les études et propositions tendant à une modification de la réglementation existante, en un mot, tout ceux des travaux du contrôle résident des ports et établissements et du service des missions qui comportent l'intervention du Ministre.

2. Il en assure l'examen préalable par le service central de la direction du contrôle, de façon à ne saisir les directions et services compétents du Ministère que des questions qui, en dernière analyse, présentent un intérêt d'information pratique ou exigent une solution.

3. D'après les résultats dudit examen, il transmet ces documents aux directeurs et services compétents du Ministère en original ou en copie ou seulement sous forme d'extraits.

4. Il poursuit la discussion et la solution des questions qui y sont soulevées ou traitées. Toutes les dépêches, circulaires, instructions ou décisions relatives à ces questions portent, à la suite des timbres des bureaux intéressés, celui de la direction du contrôle.

5. Les originaux et extraits communiqués sont renvoyés dans le plus bref délai possible, avec indication de la solution intervenue, au directeur du contrôle qui rend compte au Ministre des communications restées sans réponse.

6. Le directeur du contrôle tient la main à ce que les contrôleurs soient en mesure, dans leurs inspections ou vérifications, de constater les suites données aux observations précédentes par les services compétents, en exécution des ordres et décisions ministériels et conformément aux prescriptions de l'article 4 de la loi du 2 mars 1902.

---

[1] Le contrôle résident doit s'efforcer de ne saisir le Ministre que des questions vraiment importantes et dont il n'a pu obtenir le règlement sur place (circulaire du 27 février 1912. *B. O.*, p. 364).

§ 3. *Contrôle permanent de l'administration centrale.*

ART. 20.

(Abrogé par décret du 12 septembre 1913; rétabli et modifié par décret
du 10 juin 1920.)

1. Sont obligatoirement soumis au visa de la direction du contrôle les documents dont l'énumération suit :

a. Projets de lois, décrets, règlements et arrêtés organiques ou administratifs préparés par les directions ou services centraux du ministère; rapports touchant à l'interprétation des mêmes actes quand ils sont devenus définitifs;

b. Correspondance administrative des différents services avec les Chambres, le Conseil d'État, la Cour des comptes, les autres ministères et les administrations publiques;

c. Rapports ou propositions au sujet de concessions de traitements et d'allocations pécuniaires ou en nature ne dérivant pas d'une stricte application des règlements en vigueur;

d. Propositions adressées au Département en vue de l'exécution des travaux qui doivent être ordonnés par le Ministre; projets de marchés, cahiers des charges, baux et autres conventions quelconques, d'où peut résulter un engagement de dépenses égal ou supérieur à cinq mille francs; commandes relatives à l'exécution de ces contrats;

e. Demandes d'exonération de pénalités formulées par les fournisseurs ou entrepreneurs et, d'une manière générale, dossiers des affaires contentieuses de tous les services;

f. Propositions tendant à la création d'emplois nouveaux.

ART. 21.

(Modifié les 19 novembre 1912, 10 juin 1920.)

1. En dehors des communications prescrites par l'article précédent, la direction du contrôle, soit de sa propre initiative, soit sur l'ordre du Ministre, procède à toute vérification ou inspection jugée utile dans les différentes directions et services du Ministère.

2. Les enregistrements et écritures qui y sont tenus et tous les documents et pièces qui s'y trouvent déposés sont, conformément à l'article 7 du présent décret, mis à sa disposition dès sa première demande.

3. La direction du contrôle est obligatoirement représentée dans la commission centrale des marchés commerciaux et dans la commission centrale des marchés industriels.

4. La direction du contrôle doit être prévenue de toute réunion de commission chargée d'effectuer à Paris des recettes de fournitures ou de travaux.

En ce qui concerne les constatations opérées par le service de la surveillance des travaux confiés à l'industrie ou par l'Inspection des fabrications d'artillerie, l'intervention de la direction du contrôle est réglée par une instruction ministérielle spéciale [1].

§ 4. *Organisation intérieure du service central.*

ART. 22.

(Modifié le 10 juin 1920.)

1. Le directeur du contrôle est, en cas d'absence ou d'empêchement, suppléé par un contrôleur désigné par arrêté du Ministre et qui porte le titre d'adjoint au directeur du contrôle.

2. L'un des contrôleurs du service central, choisi par le directeur, remplit sous son autorité exclusive et, s'il est absent ou empêché, sous les ordres de l'adjoint au directeur, les fonctions de chef du secrétariat de la direction du contrôle.

ART. 23.

1. Les divers bureaux de l'administration centrale et les services de la Marine installés à Paris sont répartis, suivant les ordres du directeur du contrôle, entre les contrôleurs attachés au service central. Ces fonctionnaires assurent le contrôle permanent desdits bureaux et services, conformément aux dispositions de l'article 20 ci-dessus, l'examen préalable et la discussion contradictoire avec ces bureaux, dans les conditions définies par l'article 19, des questions soulevées ou traitées par le contrôle résident des ports et établissements et par le service des missions.

2. Les notes d'observations adressées par le service central de la direction du contrôle aux directions et services du Ministère sont signées par le contrôleur qui les a rédigées. Si le directeur du contrôle estime que la réponse faite n'est pas satisfaisante, il adresse au Ministre le dossier de l'affaire complété de ses propres observations.

3. Le directeur et, en cas d'absence ou d'empêchement, son suppléant, signent les rapports et notes destinés au Ministre.

---

[1] Instruction du 25 avril 1913 (*B. O.,* 563).

SECTION II.

DU SERVICE DES MISSIONS.

ART. 24.

(Modifié le 19 novembre 1912.)

1. A son arrivée dans un port militaire, dans un port secondaire, dans une autre localité du littoral ou dans un établissement hors des ports, le contrôleur général ou le contrôleur chef de mission se conforme, en ce qui concerne les visites à faire, aux règles générales édictées par le Règlement sur le service des places [2].

2. S'il a sous sa direction un ou plusieurs contrôleurs, il est seul tenu des visites dont il s'agit. Il fait, dans ce cas, connaître au préfet maritime ou au commandant d'armes le nom de ses collaborateurs.

ART. 25.

Lorsqu'il doit procéder à l'inspection administrative d'un ou plusieurs bâtiments faisant partie d'une force navale, le contrôleur général ou le contrôleur chef de mission se présente préalablement au commandant de cette force navale.

ART. 26.

1. Lorsqu'il doit procéder à l'inspection administrative d'un établissement de la Marine aux colonies, le contrôleur général ou le contrôleur chef de mission se présente, à son arrivée dans la colonie, au gouverneur ou à son suppléant.

2. Le contrôleur chef de mission se présente au commandant de la Marine ou au directeur de l'établissement.

3. A équivalence de grade, le contrôleur général en mission fait la première visite à l'autorité maritime locale; il l'informe par écrit s'il est d'un rang supérieur.

ART. 27.

Lorsque le contrôleur général ou le contrôleur chef de mission veut conserver à sa mission un caractère inopiné, il a la faculté d'informer par écrit de son arrivée et des noms de ses collaborateurs l'autorité à qui, d'après les

---

[2] Décret (Guerre) du 7 octobre 1909, articles 43, 131 et 132.

articles 24 et suivants, il doit se présenter le premier, sauf à faire les visites réglementaires dans les quarante-huit heures qui suivent.

ART. 28.

Dans les quartiers de l'inscription maritime autres que les chefs-lieux d'arrondissement ou de sous-arrondissement maritimes, le contrôleur général ou le contrôleur chef de mission informe l'administrateur de l'inscription maritime de son arrivée avant de commencer ses opérations.

ART. 29.

Les présentations et les visites prescrites par les articles précédents se font en tenue n° 3 [1].

ART. 30.

Les fonctionnaires du contrôle, en mission, n'acceptent aucune invitation de la part des chefs ou agents quelconques appartenant aux services par eux inspectés.

ART. 31.

1. Lorsque ses instructions le comportent, le contrôleur général en mission peut requérir le chef du contrôle résident dans les ports et établissements de la marine de procéder à toute investigation, vérification ou constatation ressortissant aux attributions de ce dernier.

2. Sous la même réserve, il peut, au port chef-lieu, se faire assister dans ses opérations par l'un ou l'autre des fonctionnaires du contrôle résident, à charge d'en informer le chef de ce contrôle.

3. Tout contrôleur en mission jouit de la plus grande latitude pour se renseigner auprès des fonctionnaires du contrôle résident qui doivent lui fournir, soit à sa demande, soit de leur propre initiative, les indications se rapportant à l'objet de sa mission.

ART. 32.

(Modifié les 19 novembre 1912, 12 septembre 1913, 10 juin 1920.)

1. Après chacune de leurs opérations [2] les contrôleurs du service des missions établissent un rapport distinct par service [3].

---

[1] Composition de la tenue n° 3 (tableau 1 joint à la circulaire du 11 septembre 1919 (*B. O.*, 336).

[2] Interruptions de missions (décision ministérielle du 15 avril 1912. Contrôle.)

[3] Pour l'établissement et l'utilisation des rapports du contrôle, voir l'instruction du 2 mars 1910 (*B. O.*, 373), modifiée le 12 novembre 1912 (*B. O.*, 814).

2. Lorsqu'ils sont réunis en groupe, le chef de mission vise les rapports avec ou sans observations et les appuie, s'il y a lieu, d'un rapport d'ensemble.

3. Ces rapports sont transmis au chef du Département par l'intermédiaire et avec l'avis du contrôleur général chef du service des missions quand il est présent à Paris.

4. Les contrôleurs généraux, chefs de groupes, sont juges des cas où il y a lieu de soumettre les rapports à l'autorité supérieure locale (préfets maritimes, commandant de force navale, etc.), soit en original avant leur envoi au Ministre, soit en copie après que cet envoi a été effectué.

TITRE III.

Du contrôle résident.

(Ce titre a été refondu par le décret du 10 juin 1920.)

DISPOSITIONS GÉNÉRALES.

ART. 33.

Un contrôleur général dirige le contrôle local et permanent dans chaque arrondissement maritime [1].

ART. 34.

1. Un contrôleur de 1re ou de 2e classe exerce le contrôle local et permanent près des services de la Marine dans chacun des établissements hors des ports et, éventuellement, dans toute localité où, en vertu de la faculté ouverte par l'article 3 de la loi du 2 mars 1902, il est institué un service de contrôle résident.

2. Les contrôleurs des établissements de Ruelle, Indret et Guérigny résident respectivement à Angoulême, Nantes et Nevers [2].

---

[1] Art. 7 (3e alinéa) de la loi du 2 mars 1902. Relations qui doivent exister entre les contrôleurs généraux et les contrôleurs des établissements hors des ports et les préfets maritimes et directeurs d'établissements (circ. 15 juin 1903, *B. O.*, p. 899).

[2] Les frais de déplacement occasionnés par cette résidence sont remboursés sur mémoire (art. 2 du décret du 8 mars 1902, modifié le 22 avril 1920, *B. O.*, p. 636).

ART. 35.

1. L'affectation des fonctionnaires du contrôle résident à un port ou à un établissement du territoire continental est faite, en principe, pour trois ans.

2. Cette période triennale peut être renouvelée soit d'office, soit sur la demande des contrôleurs intéressés.

3. Un second renouvellement de trois ans peut être accordé par le Ministre à la demande des contrôleurs intéressés.

4. En aucun cas, les fonctionnaires du contrôle résident ne peuvent être maintenus dans la même localité pendant plus de neuf années consécutives.

5. Le Ministre peut abréger la durée du séjour dans la même résidence, notamment en cas de promotion au grade supérieur ou de désignation pour servir à la direction du contrôle.

ART. 36.

1. La durée du séjour dans l'arrondissement maritime algéro-tunisien est de deux années, non compris les voyages d'aller et retour.

2. Cette période peut être soit prolongée d'une année, soit renouvelée, sur la demande de l'intéressé, jusqu'à concurrence de six années de séjour au maximum. La décision est prise par le Ministre, sur la proposition du directeur du contrôle.

3. La durée du séjour dans les postes du contrôle résident qui pourraient être créés hors du territoire continental ou de l'arrondissement algéro-tunisien est déterminée par le Ministre pour chaque cas particulier.

ART. 37.

1. Les contrôleurs généraux en service dans les chefs-lieux d'arrondissements maritimes de la métropole portent le titre de « contrôleur général du   arrondissement »; le contrôleur général en service à Bizerte porte le titre de « contrôleur général de l'arrondissement algéro-tunisien ».

2. Les fonctionnaires du contrôle en service dans les établissements hors des ports ou dans toute autre localité où est institué un contrôle local et permanent portent le titre de « contrôleur de l'établissement de   »
ou « contrôleur des services de la Marine à   ».

SECTION II.

DU CONTRÔLE RÉSIDENT DANS LES CHEFS-LIEUX D'ARRONDISSEMENT.

ART. 38.

1. Au port chef-lieu, le contrôle des divers services et directions est réparti entre les contrôleurs par le contrôleur général de l'arrondissement [1-2].

2. Cette répartition doit être réglée de telle façon qu'un même fonctionnaire ne demeure pas affecté pendant plus de trois années consécutives au contrôle du même service.

ART. 39.

1. Quelle que soit leur situation hiérarchique vis-à-vis du contrôleur général de l'arrondissement, les fonctionnaires du contrôle résident signent leurs notes d'observations et leurs rapports de toute nature.

2. Le contrôleur général a seul la correspondance directe avec le Département, sous réserve du droit reconnu aux contrôleurs en sous-ordre par le paragraphe 3 de l'article 3 du présent décret.

ART. 40.

1. En cas d'empêchement ou d'absence, le contrôleur général est remplacé provisoirement par le plus élevé en grade et, à grade égal, par le plus ancien des fonctionnaires du contrôle attachés au port chef-lieu.

2. Lorsque l'intérim doit se prolonger au-delà de quarante-huit heures, avis de cette mutation est immédiatement donné au préfet maritime par le contrôleur général ou, à son défaut, par l'intérimaire lui-même.

3. Les contrôleurs généraux intérimaires sont investis de toutes les attributions conférées au contrôleur général de l'arrondissement et une désigna-

---

[1] En dehors de leur rôle de direction, les contrôleurs généraux doivent s'attacher à fournir des études d'ensemble et des notes sur les questions d'actualité, les réformes à entreprendre, les questions d'ordre général (circ. 30 mai 1914, contrôle).

[2] Création dans chaque port de dossiers de renseignements sur les questions locales (circ. 17 janvier 1917, contrôle).

tion personnelle, avec délégation spéciale de pouvoirs, n'est pas nécessaire pour leur donner, le cas échéant, les droits et prérogatives que comportent la nature et l'organisation du service [1].

ART. 41.

Le contrôleur général assiste obligatoirement aux délibérations du conseil des directeurs, dans les conditions indiquées par l'article 9 du présent décret.

ART. 42.

1. Les fonctionnaires du contrôle résident procèdent à toutes les inspections ou vérifications prescrites par le Ministre [2] ou qu'ils jugent utile de faire au port chef-lieu dans l'intérieur des services dont le contrôle leur est confié.

2. Lorsque des inspections ou vérifications doivent être faites dans un corps militaire organisé, dans un dépôt des équipages de la flotte, à bord d'un bâtiment relevant de l'autorité supérieure locale ou dans un service administré comme les bâtiments, le contrôleur général en donne avis par écrit au préfet maritime; le contrôleur se présente directement au chef de corps ou au commandant du dépôt, bâtiment ou service militaire.

3. Sont dispensés de l'avis préalable prévu au paragraphe précédent les investigations portant sur des points étrangers à l'administration du corps, dépôt, bâtiment ou service, tels que contre-appels d'ouvriers ou constatations concernant des travaux effectués par les directions [3].

ART. 43.

1. Le contrôleur général de l'arrondissement, après avoir provoqué sur ce point l'autorisation du Ministre, fait des tournées d'inspection dans les ports et quartiers de son arrondissement ou y envoie un des contrôleurs placés sous ses ordres.

2. En cas d'urgence, il se transporte de sa propre initiative ou envoie un de ses collaborateurs dans toute localité de son ressort où un grave intérêt de

[1] Rang à attribuer au contrôleur général par intérim lors de la prise de commandement d'un préfet maritime (dép. 28 février 1912, E.-M., contrôle).

[2] Le contrôle doit exercer une surveillance constante sur le fonctionnement des ordinaires des bâtiments et services à terre, notamment en ce qui concerne la qualité et la préparation des denrées et le bon emploi des fonds (circ. 26 novembre 1908, B. O., p. 1072; dép. 27 août 1909, contrôle, circ. 10 décembre 1909, B. O., p. 1387). Le contrôle doit aussi surveiller particulièrement les délivrances d'habillement (circ. 29 septembre 1917, B. O., p. 820; circ. 17 mai 1920, in fine (B. O., p. 798).

[3] Voir à ce sujet la circulaire du 27 avril 1912 (B. O., p. 824).

service réclame instamment la présence du contrôle. Il rend compte au Département le plus tôt possible.

ART. 44.

1. Les écritures et les caisses de tous les comptables en deniers doivent être vérifiées par le contrôle au moins une fois tous les deux ans et, autant que possible, inopinément [1].

2. La vérification des autres services doit être conduite de telle manière qu'aucun d'entre eux ne reste plus de cinq ans sans être examiné à fond [2].

ART. 45.

1. Le contrôle résident est obligatoirement avisé, en temps utile, par les soins de l'autorité chargée de faire les convocations, de la réunion de toute commission où les intérêts administratifs, financiers, comptables et économiques du Département sont débattus et peuvent être engagés. Il est prévenu notamment des séances d'adjudication, des réunions des commissions des marchés, des commissions de recette de fournitures ou de travaux, des commissions de visite de matériel remis, prêté ou réintégré, des commissions de condamnation et déclassement de matériel, des commissions d'essais des navires livrés par l'industrie, des commissions d'armement et de désarmement des bâtiments de la flotte, des recensements et récolements de matériel.

2. Le représentant du contrôle assiste aux opérations, s'il le juge utile; dans tous les cas, les rapports et procès-verbaux qui les constatent sont obligatoirement présentés à son examen; il n'y appose l'un des timbres prévus à l'article 13 du présent décret que lorsqu'il a effectivement assisté aux opérations, ou que l'étude du dossier donne lieu de sa part à des observations.

ART. 46.

En ce qui concerne le service de la surveillance des travaux confiés à l'industrie et des recettes en usine, ainsi que le service de l'inspection des fabrications d'artillerie, l'intervention du contrôle résident s'exerce dans les conditions fixées par une instruction ministérielle [3].

---

[1] Sur le sens de l'expression «caisses de tous les comptables en deniers», consulter la dépêche à Toulon du 10 février 1905 (contrôle).
. Les vérifications de caisses doivent s'étendre à celles des coopératives (circ. du 4 août 1911, *B. O.*, p. 424).

[2] Tous les ateliers et toutes les sections de magasin doivent donner lieu, dans un cycle de cinq ans, à l'établissement d'un rapport particulier, sorte de monographie critique (circ. 23 mai 1910, contrôle).

[3] Instruction du 25 avril 1913 (*B. O.*, p. 563).

ART. 47.

1. Sont obligatoirement soumis au visa du contrôle résident les documents dont l'énumération suit [1] :

a. Rapports ou propositions au sujet de concessions de traitements et d'allocations pécuniaires ou en nature ne dérivant pas d'une stricte application des règlements en vigueur, notamment en matière de primes, de gratifications, d'indemnités et de secours exceptionnels et d'indemnités représentatives de vivres;

b. Propositions relatives à l'exécution des travaux qui doivent être ordonnés par le Ministre : projets de marchés, cahiers des charges, baux et autres conventions quelconques, d'où peut résulter un engagement de dépenses égal ou supérieur à 5,000 francs, commandes relatives à l'exécution de ces contrats. Les marchés d'ordinaires sont compris au nombre des contrats à soumettre au visa [2];

c Demandes d'exonération de pénalités formulées par les fournisseurs ou entrepreneurs et, d'une manière générale, dossiers des affaires contentieuses de tous les services [3];

---

[1] Cette liste n'est pas limitative et ne supprime pas les visas expressément prévus par des textes particuliers, par exemple, le visa des situations de dépenses engagées (décr. 18 mars 1910, *B. O.,* p. 565; circ. 3 novembre 1913, contrôle), celui des documents relatifs aux accidents de travail (circ. 26 juillet 1906, *B. O.,* p. 683; dép. à Brest 4 mai 1915, contrôle), celui des propositions de licenciement des commis de 4ᵉ classe, reconnus insuffisants (déc. 19 février 1920, *B. O.,* p. 231).

[2] Voir circulaire du 20 mars 1919 (*B. O.,* 396).

[3] L'application des alinéas *b*) et *c*) et leur interprétation ont été précisées à maintes reprises. Voir notamment, circ. 15 avril 1914, *B. O.,* p. 850 (gratifications, indemnités et secours exceptionnels); dép. à Brest 2 août 1914 (artillerie-contrôle), (propositions de travaux); circ. 21 octobre 1915, *B. O.,* p. 306 (tarif des travaux aux primes; projets de réparations et d'installations); circ. 15 décembre 1915, *B. O.,* p. 520 (indemnités pour perte d'effets et de matériel de gamelle); dép. à Brest des 5 février et 21 mars 1916 (solde), (demandes de frais de déplacements exceptionnels); circ. 18 octobre 1917, *B. O.,* p. 412 (primes de chargement et de déchargement des navires charbonniers et vapeurs de charge); circ. 27 février et 12 avril 1918 (intendance-contrôle), (indemnités à allouer aux maîtres cordonniers et tailleurs pour renchérissement des matières premières); dép. à Brest 14 mai 1918 (C. N.-Comp. générale Cont.), (acquisition de matériel provenant de gouvernements étrangers); circ. 20 juin 1918 (int. marit.) et 17 février 1919 (service de santé), (révision des tarifs de salaires des ouvrières confectionneuses); circ. 3 janvier 1919, *B. O.,* p. 36 (décisions relatives aux indemnités de vivres); circ. 20 février 1919, *B. O.,* p. 236 (propositions de travaux); circ. 29 mai 1920, *B. O.,* p. 830 (heures supplémentaires de bureau); circ. 17 mai 1920, *B. O.,* p. 799 (tarifs des confections d'effets et réparations de chaussures effectuées pour les officiers par les maîtres tailleurs et cordonniers).

d. Propositions tendant à la création d'emplois nouveaux [1].

2. La présentation au visa a lieu avant toute décision des autorités locales ou toute transmission au Ministre [2].

ART. 48.

1. Le contrôleur général de l'arrondissement reçoit communication, en original et annexes comprises, de toutes dépêches et de tous télégrammes ministériels, même confidentiels et secrets et y compris les documents administratifs concernant la mobilisation (à l'exception seulement des communications secrètes relatives aux opérations militaires), de toutes pièces et de tous documents adressés par le Département au préfet maritime et aux chefs de service.

2. Il lui est également donné communication des ordres préfectoraux soit en original, soit en copie, y compris le cas où ces ordres figurent seulement au pied d'une note ou d'un rapport.

3. Les communications susvisées ont lieu au plus tard dans les quarante-huit heures de la réception du courrier ministériel ou de l'émission des ordres locaux. Le renvoi est effectué dans un délai égal.

4. Le contrôleur général porte lesdites communications à la connaissance de chacun des contrôleurs en sous-ordre qu'elles intéressent, en prenant, le cas échéant, toutes les mesures nécessitées par leur caractère confidentiel ou secret.

ART. 49.

1. Les observations des contrôleurs sont formulées, transmises aux services contrôlés et, le cas échéant, portées à la connaissance du Ministre dans les formes indiquées par une instruction ministérielle [3-4].

---

[1] En ce qui concerne particulièrement les demandes d'augmentation d'effectif du personnel auxiliaire des employés de bureau des services administratifs ou militaires, voir l'article 2 de l'arrêté du 12 janvier 1920 (*B. O.*, p. 231).

[2] La suppression de l'intervention du préfet maritime dans la transmission au département des affaires qui n'intéressent pas le commandement (application de la circulaire du 16 février 1918, *B. O.*, p. 285) laisse subsister l'obligation de soumettre, le cas échéant, les dossiers de ces affaires au visa du contrôle. En cas d'observation de ce dernier, la transmission doit être faite par le préfet maritime (circ. 8 mars 1918, *B. O.*, p. 359).

[3] Instruction du 2 mars 1910 (*B. O.*, p. 873), modifiée le 12 novembre 1912 (*B. O.*, p. 814).

[4] On doit s'efforcer de ne saisir le Ministre que des questions qui ne peuvent être réglées localement (circ. 27 février 1912, *B. O.*, p. 364).

2. Sous réserve d'en informer préalablement le contrôleur général de l'arrondissement, le préfet maritime a la faculté de saisir le Ministre des questions soulevées par le contrôle et de provoquer les instructions du Département.

3. Il donne également avis au contrôleur général de la transmission au Département des dossiers qui ont donné lieu à observations. Cet avis doit être immédiat.

ART. 5o.

1. Les rapports périodiques ou éventuels et, d'une façon générale, tous les travaux émanant du contrôle résident sont établis et transmis dans les conditions fixées par une instruction ministérielle [1].

2. Le contrôleur général est juge des cas où il y a lieu de communiquer les notes et rapports des contrôleurs à l'autorité supérieure locale (préfet maritime, commandant de force navale, etc.), soit en original avant leur envoi à Paris, soit en copie après que cet envoi a été effectué.

ART. 51.

1. Sur demande écrite du préfet maritime, le contrôleur général lui remet les renseignements et avis d'ordre administratif, financier, comptable et économique qu'il peut lui fournir, sous la réserve qu'il n'en résultera ni gêne, ni entrave pour la marche normale de son service [2].

2. S'il s'agit de vérifications de longue durée ou d'enquêtes approfondies, le préfet maritime s'adresse, sous le timbre de la direction du contrôle, au Ministre qui apprécie et charge soit le contrôle résident du port, soit le service des missions, de procéder aux investigations nécessaires.

---

[1] Instruction du 2 mars 1910 (*B. O.*, p. 373) modifiée le 12 novembre 1912 (*B. O.*, p. 814).

[2] Au sujet des relations qui doivent exister entre les contrôleurs généraux et les préfets maritimes, voir la circulaire du 15 juin 1903 (*B. O.*, p. 699).

Formes à observer dans les correspondances avec les préfets maritimes (dép. à Lorient 8 avril 1913, cabinet).

SECTION III.

DU CONTRÔLE RÉSIDENT EN DEHORS DES CHEFS-LIEUX D'ARRONDISSEMENTS MARITIMES.

ART. 52.

1. Les contrôleurs en service hors de Paris ou des ports chefs-lieux d'arrondissement maritime remplissent des fonctions analogues à celles qui sont attribuées par le présent décret aux contrôleurs généraux et aux contrôleurs en sous-ordre dans les ports chefs-lieux d'arrondissement.

2. Leurs relations avec l'autorité maritime du lieu sont identiques à celles du contrôleur général avec le préfet maritime.

3. Ils correspondent directement avec le Ministre.

4. En ce qui concerne le service de la surveillance des travaux confiés à l'industrie et des recettes en usine, ainsi que le service de l'inspection des fabrications d'artillerie, l'intervention des contrôleurs en service hors des ports chefs-lieux d'arrondissement s'exerce dans les conditions fixées par une instruction ministerielle [1].

ART. 53.

Les décrets des 17 mars, 1er et 18 avril 1902 sont abrogés.

ART. 54.

Le Ministre de la Marine est chargé de l'exécution du présent décret.

Fait à Paris, le 15 janvier 1910.

A. FALLIÈRES.

Par le Président de la République :

Le Ministre de la Marine,

DE LAPEYRÈRE.

---

[1] Instruction du 26 avril 1913 (*B. O.*, p. 563).

<table>
<tr><td>

MINISTÈRE
DE LA MARINE.

—

DIRECTION
DU CONTRÔLE.

</td><td>

RÉPUBLIQUE FRANÇAISE.

—

</td><td>

DÉCRET
du 15 janvier 1910.

Enregistré, à la Di-
rection du contrôle, sur
le matricule f°
P. O.
Le Chef du Secrétariat

</td></tr>
</table>

COMMISSION

DE CONTRÔLEUR DE L'ADMINISTRATION DE LA MARINE.

Nous,

donnons commission à M

1° De procéder dans les arsenaux, établissements de la marine en France et aux colonies, ports secondaires, quartiers de l'inscription maritime, ainsi qu'à bord des bâtiments de la flotte énumérés dans nos instructions, à toutes les opérations d'inspection ou de vérification à lui confiées par lesdites instructions sans excepter aucun détail de l'administration maritime;

2° De réclamer de l'autorité maritime du lieu où il a à accomplir son mandat tous les ordres nécessaires pour l'exercice de ses inspections et vérifications, de passer toute revue d'effectif, de faire ou de requérir tout recensement qu'il jugera utiles;

3° De vérifier inopinément toutes caisses, de se faire présenter par les directeurs ou chefs des divers services, par les ordonnateurs secondaires, par les conseils d'administration et officiers comptables, ainsi que par les entrepreneurs et fournisseurs, dans les termes de leurs marchés, les registres et pièces de comptabilité et de correspondance, les lettres, ordres ministériels ou de commandement, marchés, et, généralement, tous les documents et renseignements utiles à son examen;

4° De requérir, s'il le juge nécessaire, la réunion de tous conseils d'administration pour assister à la vérification de leurs écritures ou de leur caisse et pour leur donner connaissance des résultats de ses investigations.

En conséquence, ENJOIGNONS :

A tous directeurs, chefs de service, ordonnateurs secondaires, conseils d'administration, officiers et agents comptables en deniers ou en matières d'ouvrir leurs bureaux, leurs ateliers et leurs caisses, à la réquisition dudit M. . . . . muni de la présente, de lui exhiber leurs fonds et valeurs, de lui représenter tous leurs livres, registres et documents particuliers ou généraux d'administration et de comptabilité en deniers ou en matières, afin de le mettre à portée de prendre une connaissance entière de toutes les parties du service dont ils sont chargés, ainsi que de lui fournir tous renseignements et explications qui leur seront demandés.

A tous entrepreneurs et fournisseurs, de lui ouvrir leurs magasins ou ateliers et chantiers, sur présentation de sa commission, et de lui exhiber, sur sa réquisition, tous registres, pièces de comptabilité et documents officiels, dans les termes de leurs marchés.

INVITONS toutes les autorités maritimes à reconnaître et à seconder ledit M. . . . . , en sa qualité de contrôleur. . . . . de l'administration de la marine, dans l'exercice des fonctions ci-dessus énoncées, et à lui prêter aide et assistance sur sa réquisition.

Paris, le   19

Signature du titulaire :